문장 부호

인생은 물음표인가
살면서 살아가면서 느낌표인가

하루가 또 하루가 흘러와
세월은 붉은 열매로 익어가는데

우리의 삶은
귀뚜라미 등에 앉은 쉼표

단풍은 하나둘 떨어지고 있네
마치, 마침표처럼

사는 것이 외로워도

예서의시 037

사는 것이 외로워도

김태경 시집

차례

문장 부호

제1부

세 정거장 남겨두고 내렸다	11
앞치마에 든 시집	12
천인갱(千人坑)	13
삶이 겨울이거든 춘천으로 가라	14
백합	16
염(殮)	17
내 고향 진부에서	18
이덕삼	20
북방 사내 1	22
북방 사내 2	24
북방 사내 3	26
폐자전거 앞에서	27
건봉사	28
발왕산	29
병원 단상	30
대관령을 넘다가	31
헌책방	32

제2부

능소화	35
함백산	36
그래도 못잊어	38
산책을 나서며	39
목어(木魚)	40
동자승(童子僧)	41
운주사	42
놀이터	43
일요일 1	44
일요일 2	45
봉선사	46
귀에게	47
고구려의 노래	48
백신접종	50
날마다	51
상봉역	52

제3부

뫼필봉 1	55
뫼필봉 2	56
뫼필봉 3	57
뫼필봉 4	59
뫼필봉 5	60
태몽	61
진부(珍富) 공판장에서	62
우통수	64
사랑의 문	66
진주로 가는 아버지	68
할아버지	69
농부의 꿈이 날아오른다	70
카톡 편지	72
상원사	73
오대산	74
굴뚝 연기	76
경계선 1	77
경계선 2	78

제4부

사망진단서	81
지구별에 태어나 1	82
지구별에 태어나 2	83
여생	84
저기 떠나가는 배	85
낭만 가객	86
노동의 하루	88
반가사유상 앞에서	89
석류(石榴)	90
홀아비바람꽃	91
사피니아	92
호두	93
느티나무	94
살구	95
마을버스 02번	96
시마(詩魔)	97
강원도 사랑가	98
온종일	100

제5부

애절양	103
허난설헌 생가에서	104
사는 것이 외로워도	106
문신을 만나다	107
브레이브걸스의 롤린을 들었지	108
의암의 노래	110
택배 시집	112
팔당댐	114
나물 밥상	115
아파트 벽화공	116
무채를 썰며	117
여우콩	118
튤립	119
자작나무	120
뱀딸기	121
강릉행 청춘 열차	122

인터뷰   산촌 여정 혹은 사랑의 노래   125

제1부

세 정거장 남겨두고 내렸다

세 정거장 남겨두고 내렸다
겨울을 벗은 갈참나무
연둣빛 가녀린 손짓에 끌려 나도 모르게,
나뭇잎을 쓰다듬고
철쭉을 만지니
손끝으로 스며드는 봄이 따습다
빠름보다 느림으로
걸음 사이로 피어나는 흥겨움
산들바람에 흩날리는 새소리가 감미롭다
눈 감아 호흡을 가다듬고
숲속 빈 의자에 앉아
햇살에 눅눅한 겨울을 말려 놓는다
다시 걸어가다 꽃밭에 들어가
날다람쥐처럼 쑥 들어가
달디단 봄을 체하지 않게 꼭꼭 씹는다

아직 두 정거장 남아서 좋다

앞치마에 든 시집

여보, 당신은 왜?
앞치마에 내 시집을 넣었소
밥이 될 때까지
서 있으면 뭐해, 시나 읽으려고
쿠쿠에서 나오는 기쁨이
칙칙 뿜어질 때 사랑스러운 독자가 있어라
(기다림도 군침이런가)
어느 시편일까, 눈이 웃는다
어딜까, 어딜까 어느 시편일까나
사랑의 시편일까
시집의 깨알을 읽어 주는 사랑아
이 푸른 별에서 우리가
인연의 동아줄로 꽁꽁 묶어서
꽃피는 날에도
눈보라 치는 날에도
서로의 어깨에 기대어 살아갈 사랑아
나 오늘도
행복을 꼭꼭 씹고
분필로 사는 하루라도
땀 흘리며 살아낼 것 같구려

천인갱(千人坑)

아아 눈물이 절로 흐르네
그때 그 시절 천인갱 속에 우리는 묻혔다오
파묻힌 날이 가도
세상아
우리의 슬픔을 구원해 주소서
구천을 헤매고 있다오
내 조국 산천으로 나를 데려가 주오
눈물이 말라 버렸소
눈을 감겨 주오
나는 가고파
이젠 내 고향 내 부모 곁에 절하고 싶소
나를 묻어주오

*천인갱(千人坑): 중국 하이난(海南)성 싼야(三亞)시 난딩촌에 있는 일제강점기 당시 강제징용 조선인들의 집단 매장지로, 1200여 구의 유골이 묻혀 있는 것으로 추정됨. '1000명이 묻힌 굴'이라는 뜻으로 '천인갱'으로 불리게 된 곳.

삶이 겨울이거든 춘천으로 가라

삶이 겨울이거든 춘천으로 가라
아픈 삶을 가슴에 꼭 안고
물처럼 흘러가는 경춘선 타고
겨울 같은 삶을 싣고 가라
헛헛한 밤을 뒤척이며 살아온 사람아
물안개 핀 새벽 춘천역에 내려보라
닭갈비처럼 앙상한 삶도
마음씨 고운 이가 버무려주고
고단한 슬픔도 솥뚜껑으로 녹여주리라
마음이 갈대처럼 서걱이고
뼈 사이에 박혀 있는 겨울이
울고 싶다, 소리칠 때
은빛 물고기가 솟구치는 소양강으로 가라
두 팔 벌리고 서 있으면
슬픔은 손가락 사이로 지나가리니
사는 일은 다 바람이려니
삶이 겨울이거든 춘천으로 가라
먼 듯 가까운 그곳으로
마음 깊이 쟁여놓은 천근의 눈물도
김유정 마을에 핀 동백꽃

동박새가 물고 날아가리니
하루를 다 내려놓고
소양강 노을과 놀다 보면
한 묶음의 서글픔을 내려놓으리라
그대여, 삶이 서럽거든 춘천으로 가라
이른 새벽에 떠나보라

백합

이 더럽혀진 땅에 피는 꽃이어
너로 숨 고르나니
총칼을 다 녹여주는 향기
코 대고 앉은 나비처럼, 우리는

이 푸른 별에서
눈물겹도록 살아야 한다

우크라이나
팔레스타인 가자지구
그 전장(戰場)에
너를 한아름 보내고 싶어라

저 피 흘리는 아이
저 손목 잘린 사람들도
다 숨 쉬고 살게

염(殮)

달랑 삼베옷 한 벌
꽁꽁 묶어버린 낡은 육신이여
연화지를 가슴에 품고
당신은 묵묵부답입니다
이승의 몸을 다 닦고
정갈하게 저 강을 건너갑니다
여기에 홀로 왔듯이
어둠 속 홀로 노 저으며
팔순의 아기가 되어
말없이 들려오는 독경 소리를 탑니다
관 뚜껑 얹어 나무못 박아
죽사리*는 하나인가
가슴에 못 하나씩 꽝꽝 박으면서
우리는 당신이 가만가만 흔드는 손을
고요히 배웅합니다
왕겨 빛깔이 따뜻합니다

*죽사리: 생사(生死)의 고유어

내 고향 진부에서

서울에서 새벽에 길 떠나
우물가 늙은 뽕나무 아래에서 숨 고르고
가을의 안식을 펼쳐 줄 당귀밭가 여린 순 쓰다듬는다
밭머리 심은 사과나무 세 그루
지구의 종말이 와도 사과나무를 심겠다는 스피노자처럼
형수는 손으로 심고 가꾼 사과나무
땅 깊이 뿌리 내려 꽃 피우고 열매 맺어 삶의 허기를 달래어 줄 것이다
내 고향의 고도 해발 643미터
부지런히 밭두렁에서 일개미가 되어 땅을 뒤집고
씨를 뿌리며 사는 형
그리움이 왔다고 기다림을 한 잔씩 따라 주고
숨 고른 마음으로 앉아
앞산 뫼필봉 넘어가는 구름을 바라본다
흥겨운 어울림이 좋아라
여우비가 이마를 건반인 양 톡톡 친다
떠나서 얻는 하루
쉬어서 채워지는 빈 가슴은 풍선으로 부풀고
명이, 두릅, 잔대, 돌미나리, 더덕, 도라지 서로서로 봄을 들고 와

한 상에 올라
잘 버무려진 봄이 목젖을 간지럽힌다
든든한 뱃속에 차곡차곡 쌓이는 식구들의 웃음소리
든든하게 쟁여 넣고
이제 다시 소음의 도시로 돌아가서 만날 깔깔한 삶도
살아낼 것 같아
시동을 건다, 부드럽고, 그리고 힘차게

이덕삼

스물한 살의 꽃다운 나이
당신의 쓸쓸한 무덤
상하이 만국공묘 풀밭에 누워 있어라
가시덤불 같은 세월
피 묻은 태극기 가슴에 품고
깃봉에 휘날리는 날까지
당신은 맨발로 우리의 언 겨울을 사셨어라
살아도 죽어도 외로운 혼백이여
무성하게 풀이 자라듯이
당신의 가슴에 품은 독립은 뜨거웠는데
아직도 먼 그리움으로
뒤척이는 슬픔에 비가 내립니다
이제라도 함께 싸운 동지들
분향으로 되살아나는 묵념의 자리
그 곁에 누워 당신의 삶도
피눈물 흘린 날보다 눈부셔야 합니다
이젠 우리가 모셔 와야 하리라
상하이 만국공묘에서
그토록 사무치게 사랑한 나라로
한없이 펄럭이는 태극기를 바라보시며

평온하게 잠들 수 있도록

*이덕삼: 독립운동가. 국가유공자. 상하이 징안사 내 만국공묘에 안장됨

북방 사내 1
―백석을 위하여

나라 잃은 설움이 절벽에 매달려 있고
온전한 꿈을 지키려고 바라본 하늘이 얼마나 아팠을까
대웅의 땅에 쑥이 자라고
호랑이가 먹다 뱉은 마늘밭으로
신화를 등에 지고 유민이 되어 떠돈 북방 사내여
찬바람이 볼을 깎아도
자작나무 등걸불로 손을 녹이며
황토벽 사이로 들어오는 매서운 바람에도
잉크병 가슴에 품고 떠돌이 되어
호태왕 호령을 듣고
잃어버린 우리의 신화를 찾아
꾹꾹 눌러 쓴 불빛 같은 서정의 노래가
세월의 강을 건너와
지금 한 페이지 넘길 때마다
흰 돌에 신음처럼 박혀 있는 절규
매만지듯이 한 글자씩 손끝으로 읽는 시편이여
북풍한설에도 꿋꿋한 갈매나무 생각하거나
흰 바람벽에 스쳐 지나가는 울음
북방 사내가 두 눈 뜨고 바라보았을 통곡의 밤
사랑하는 자야, 가슴에 품고 살며

이념의 강에 갇혀

황톳빛 서정을 내려놓고

소리 죽인 울음으로 울다가 떠났을 것 같아

복사꽃 핀 봄밤에 뒤척이다가

북방 사내가 쓴 남신의주유동박시봉방에서

흐릿한 눈으로 덮고 말았어라

신화의 땅을 하염없이 바라보았을 당신의 눈동자

오롯하게 박혀 있는 흑백 사진 한 장

서럽도록 그리워라

북방 사내 2
—이용악을 위하여

당신을 그리는 마음
백무선 철길에 싣고 가렵니다
유랑의 등짐으로 떠돈 우리의 슬픔을
순한 민족의 통곡을
우리의 텃밭에서 핀 오랑캐꽃을
서러운 눈으로 본 당신은
눈보라에 휘청거리는 걸음으로
간도로 건너간 유랑시인입니다
마음 놓고 울지 못하고
풀벌레 소리 가득한 방에 누운 아버지의
짓밟힌 피 흘림과 가슴 아픈 삶
소리 없는 울음으로
애절(哀切)을 시로 전해주신 당신은
함경도 경성, 북방 사내입니다
잉크병이 언 시간에
눈 뜬 새벽에 내리는 눈 바라보며
쓴 시편의 소망처럼 당신께서
지금쯤 고향에 누워
오랑캐꽃이 활짝 핀 봄날
새들의 노래로 평안하신가요

북방 사내 이용악 시인이여
분단의 등뼈에 묻혔을 당신을 만나고픈데
아직도 여기는,
백무선이 끊어져 차표가 없습니다

북방 사내 3
―윤동주 시비 앞에서

나는 한 마리 소가 되어
묵묵히 올라
환도(還刀)의 겨울이 끝나
진달래 핀 언덕에 세워진 당신의 시비(詩碑)를 봅니다

바람에도 흔들리지 않는 별
지워진 이름 석 자
풀빛으로 되살아나는 언덕에 서서

또 죽는 날까지
한 점 부끄럼이 없기를
소망한 당신의 서시(序詩)를
풀 뜯어 먹는 소처럼 곱씹고 곱씹어 봅니다

살아온 날의 뉘우침과
살아갈 날 부끄러움이 없기를…
노을에 젖은 비탈길을 바라보면서
묵묵히 내려가겠습니다

폐자전거 앞에서

이순의 이른 아침
존 레논의 노래를 들으며
나는 카페에 앉아
낡은 폐자전거를 바라본다
저 바퀴는 얼마나 달리다 멈추었을까
낡았을 의자는 어디로 가고
이가 빠진 듯한 바큇살은
나팔꽃에 휘감겨 나른하다 하품한다
너의 외로운 고독을
더 달리지 못한 낡은 손잡이를
휘감고 핀 나팔꽃이
폐자전거처럼 카페에 앉은 나도
감싸주고 있는 듯하다
존 레논의 노래가 끝나고
몇 그램의 여유를 꺼내 펜으로 쓴다
폐자전거처럼 나는
나팔꽃의 위로를 만났다고

건봉사

불이문 앞
피안의 문을 바라보며
노을빛에 눈 감고

종성의 여음에 합장하듯이
고개 숙인 긴 그림자
팽나무 한 그루가 서 있어라

오, 적멸의 땅
물소리는 꽃잎 띄워 흘러가고
천년도 하루 같은 날

세상사 묵은 때
돌계단에 다 내려놓고
돌아가는 길도 잃으라는 절이여

발왕산

살아 천 년, 죽어 천 년
산정으로 불어오는 바람에도 꿋꿋한 주목나무가 서 있다
산꼭대기에 떠 있는 해
사람들이 장엄의 나무가 되어 우러러본다
거센 바람에도 함박꽃나무가 고독을 즐기는 산에 올라
태백준령의 허리를 감고 흐르는 구름바다
산정(山頂) 사람들이 우화등선을 꿈꾸는가
한낮의 땡볕 속에서
떡갈나무처럼 파릇파릇 잎을 타고 오른다
산새의 숨소리가 나뭇잎에 스며들 때까지
날개 접은 한 마리 새가 되어
저 먼 그리운 곳을 하염없이 바라볼 때
고요가 다래순처럼 자라는 사이로
좋으냐, 좋으냐
발왕산의 속삭임이 들려온다

병원 단상

정맥 속의 슬픔
방사선이 훑고 있다
구석구석 박힌 비애를 달래려고
바늘을 푹 꽂아 넣는다
병상에 누우니
나는 바람 부는 들판
홀로 핀 들꽃처럼 애처롭구나
아린 통증은 살아온 날 눈물일까나
이제 남은 날까지
함부로 살아온 녹슨 삶을
얼마나 더 닦고 또 닦아야 하나
저 언덕에 핀 아카시아꽃들
겨울을 건너와 간절하게 피어나는데
생사의 출렁다리 위에서
뽑아낼 수 없는 가시를 만지며
슬픔을 사랑해야 하는가
독백은 수액처럼 스며들고 있어라

대관령을 넘다가

대관령을 넘다가
몽블랑에 별빛을 담아 쓴다
FM 라디오 방송에서
정태춘의 '떠나가는 배'가
낮은 소리로 출렁거리고 있다고
무욕의 땅을 찾아
떠나가는 배처럼 지금
저 멀리 불빛이 아른거리는 곳
나의 강릉을 찾아
고속버스로 가고 있다고

헌책방

고요를 깔고 앉아
노을 같은 나이의 서점 주인이
졸음을 툭툭 털고
문을 연 나를 바라본다

책장의 책은
간택을 기다리는 신부들
설렘으로 다소곳이
기다림을 쌓아놓고 있다

넘기는 책갈피 속에서
청상(靑裳)의 눈물 같은 글자들이
길 떠나고파 환하게 웃으며
나를 가만히 본다

나의 신부여
촛불 켠 첫날 밤 신방(新房)에서
그대의 옷고름 풀고
밤새워 뒹굴까나

제2부

능소화

능소화 붉은 마음 그 누가 알리오
내 사랑 발끝에 닿을 수만 있다면
낙화로 천 길 슬픔이라도 나 그대 찾아가리오

함백산
―야생화 축제

코로나로
쿨럭거리는 세상사의 눈물
꽃수건으로 닦아주려나
비바람에도 꽃망울 터뜨리며 웃는 곳
정선군 고한읍 함백산
구두끈 졸라매고 살아도
다 한세상, 정선 아리랑 들으며
꽃길 따라 걷다 보면
세상사 흥겨운 꽃판이 아니던가
꽃구름이 산허리를 감고
흐르는 시간을 놓아 길도 잃어보리라
나 기차를 타고
먼 그리움을 찾아
오는 이 반갑다 손 흔드는 고한역에 내려
하루만
단 하루만
쉬다 보면 사는 일도
꽃 피고 지는 일
다 그렇게 사는 일 아니겠는가
울긋불긋 꽃들이 머리 올린다는 곳으로

이 가을 저물기 전에
꽃구경 가야지
함백산 저 언덕 꽃대궐로

그래도 못잊어

네온이 흐느끼는 주점에 앉아
떠나간 그대 얼굴 술잔에 담는다
저 멀리 흔들리는 불빛 사이로
그대가 서 있는 것 같아
이 밤이 다 가기 전에 말하고 싶어요
아직도 그대는 내 사랑이라고
네온이 흐느끼는 주점에 앉아
떠나간 그대 모습 가슴에 묻는다
그래도 못 잊어 그래도 못 잊어
술잔에 떠 있는 그리움이
내 야윈 두 볼에 눈물로 흐르네

산책을 나서며
―게냇길* 따라

아시나요, 게냇길
맑은 물에 전설을 품은 게들이
물살 간지럽히며 놀았던 곳
꽃잠 따라 아침을 걷는 눈부신 사람아
종종거린 하루가 저물 때도
일상의 숨을 고르시라
풀벌레 소리가 노을처럼 퍼져가는 곳
아시나요, 게냇길
바람의 혀가 고요의 뺨에 닿을 때
달빛을 툭툭 건드리며
게내에 내리는 별을 바라보고
걷는 그대여

*게냇길: 서울시 강동구 상일1동 상일동산(26-9) 산책로

김은지 낭송가의 시낭송을 들을 수 있습니다.

목어(木魚)

속을
다 비운 목어
탁, 탁, 따락
찌든 나를 깨우누나
저 목어 소리는
독경(讀經)
나를 거침없이 부순다
사는 날까지
탁, 탁, 타아탁
탐욕을
비우라는 소리로
들려오네

동자승(童子僧)

아기 스님의 웃음이
산사 마당으로 굴러가고

둥근 눈망울 사슴처럼
가만히 바라보는 노승의 미소

천진불 뛰어가면
바람 따라 바람개비 돌고
강아지풀도 너울너울

가부좌 튼 부처도
피안으로 가는 문을 열어 놓고

동자승의 웃음을 만지며
빙그레 웃는다

운주사

하늘의 북두칠성
땅에 내려와 앉았어라

기도로 일어나리라는
미륵 와불이여

속기(俗氣)의 땀내가
당신의 기다림에 닿아서

눅진 슬픔의 기도가
칠성에 닿으면 일어나시려나

한 걸음 두 걸음
손끝에 모은 간절함으로

슬픔도 죄다 녹일
구름 기둥이 솟구치는 땅

눈물의 기도로
만나는
절

놀이터

1
햇살만 앉혀 놓고
바람에 흔들리는 그네
심심하다고,
매미 소리도 살짝 태워놓고
소녀의 치맛자락처럼 살랑거리는 여름
다 커서 떠나간 아이들에게 안부를 묻는다
흰 머리카락 쓸어올리며
가만히 그네를 타 본다

2
사랑은 아주 조용한 빗물이다
속울음처럼 그렇게 흘러
그리움이 떠나도

일요일 1

폭주 기관차가 멈췄다

성당 종소리에
새는 날아오르고
아침의 혀가 들썩거리며
오늘을 즐기라고,
쉼의 하루
만들어주신 이여

폭주 기관차에서 내리겠습니다
눈물 많은 이와 함께

일요일 2

새벽을 밟고 오는
새소리가 나뭇잎처럼 싱싱하고
구름에 박힌 까마귀 두 마리가 날아간다
동에서 서로
기지개 켜는 하루가
탱글탱글한 공처럼 튀어 오르고
도마소리가 아침을 흔든다
쿠쿠 밥솥은 증기기관차처럼 칙칙
밥상에 놓인 깻잎으로 행복을 싸서 먹어야지
아들아, 아들아
엄마 뱃속의 몸짓으로 잠든 아이야
아직도 꿈나라냐
(엉덩이 찰싹, 굴뚝 같은 마음인데)
그래 오늘은 일요일이지
이불을 당겨 목 밑까지 덮어준다
뒤척이며 웃는 저 미소가
꼼지락거리다가 모로 눕고 있어라
그래, 느긋하려무나
느긋하려무나

봉선사

운악산 가는 길
들국화 향기에 감싸인 봉선사
향 따라 찾아가서
본존불에 삼 배를 올립니다
구멍이 숭숭 뚫린 듯
벌레 먹은 듯한 지난날이 달려오고
더 움켜쥐려는 마음도 보입니다
그러나 돌아서니
자비로운 문수보살 앞에
꽃살문 사이로 들어온 가을이 있어라
비우고 다 비워 마른 잎
가볍게 떨어지는 단풍잎들이
돌의자에 앉아서
산문을 나서는 나를
바라봅니다, 가만히

귀에게

1.
고맙다, 고마워
조용히 내 말을 들어주고

가슴에 응어리
다 쏟아낼 때까지

오늘따라 너는
묵직한 벗 같구나

2.
깊어가는 늦가을
삶은 쓸쓸한 적막뿐인데
너만이
독백을 듣는다

고구려의 노래

동복을 매달고 기마(騎馬)는
달린다, 동해를 꿈꾸며
넓은 들판에 해는 지지 않고
가도 가도 푸른 바람이 숨 쉬는 땅
천마의 귀는 희고
입김이 거칠게 뿜어지도록
달려가는 해모수
해를 향한 삼족오 깃발은
하늘 우러러 펄럭이고
백두산 천지연은 두만강으로
백두산의 젖줄은 압록강으로 흐른다
대륙의 주인 고주몽이
하늘에 제를 올렸던 만주벌에서
그 이글거리는 눈으로
웅장한 목소리로
태양의 깃발을 꽂으라 하네
꿈에서 듣는 웅혼 앞에서
누가 고구려가
누가 발해가
사라져 버린 나라라고 말하리오

해모수의 깃발을 들고 와
붉은 해 떠오르는 너른 땅에
단단하게 뿌리를 내리고 살아온 배달족이여
말발굽 소리가
우렁차게 울리던 북소리가
우리 몸에 스며들어 기상이 되었듯이
오천 년도 짧은데
백두대간에 끊어질 수야 있나
오천 년이 넘도록 우린 하나였는데
이젠 분단의 옷을 벗고
피 흘리게 하는 철조망을 걷어내고
둘이 아니라 하나가 되어
삼족오 펄럭이며 달려가야 하리라
한라산에서 백두산까지
아니 고주몽이 깃발을 꽂았던 그곳
우리의 옛땅 만주벌까지
삼족오 깃발 펄럭이며
달려가야 하리라

백신접종

식은땀 흘리는 저녁에
복어를 먹었지
긴 어둠을 지나 떠오르는 해를 본다네

날마다

다 익어야 터지듯이
저 석류알맹이
내밀하게 익은 화두인가 봐

더 감출 것이 없다
툭, 쏟아내는
태고(太古)의 그 속살을 본다

언제쯤 익으려나
부모미생전(父母未生前)
본래면목(本來面目)*

*부모가 나를 낳기 전에 나는 무엇인가 그리고 그 부모도 태어나기 전에 그때는 나는 또 어디에 있었을까?

상봉역

철로 위 아득한 길
강릉행 흥거움을 실어주는 역
그래 오늘은
안목바다를 곁에 두고
멍게 해삼 안주로
바닷바람에 씻긴 하루를
옆구리에 끼고
해조음에 귀를 적셔가며
달이 뜰 때까지
살다 와야지

제3부

뫼필봉 1

고향 앞산 뫼필봉
산봉은 붓끝의 모습이어라
푸른 화선지 같은 하늘에
저 구름처럼 드맑게 살아라
그렇게 말하는 산
아버지와 같이 고추를 따고
노을이 퍼져가는 저녁에
황소 끌고 돌아오며
물끄러미 바라보았던 산봉우리
너를 애인처럼 품고
맑은 가난으로 살아도
언제나 호탕하게 살아보라는 산아
눈 내리는 마가리 오두막집에서
쑥차를 마시며
너를 다시 바라보고 싶어라

뫼필봉 2

내 고향 앞산
다락방에서 바라보면
흰 구름에 젖어 있던 뫼필봉아
소나기 내리는 날
함석지붕은 빗소리 화음이었고
아버지께서 읽으셨던 소월의 시집으로
나는 시심을 키웠어라
구름 같은 인생사에
허허벌판에 살아 눈물 흘려도
김소월의 '못잊어'를
가슴에 품고 살면 그만이지
그렇게 속삭여주던 산아

뫼필봉 3

정남향

빛이 가득한 곳

푸른 소나무 줄기를 감고

산머루가 하늘로 오른다

해마다 추석이면

그 머루가 잘 영근 향기를

가루처럼 뿌려주는 성묫길

한세상 호미질로 사시다가

이승의 사랑을 이어가시는 할아버지와 할머니

쌍분 혼유석에 그리움을 올려 놓는다

두 분께서 한잠 주무시다 일어나

허허 잘 살고 있느냐

정남향

빛이 가득한 그곳

구름처럼 살다가신 김운성(金雲成)

눈매 고운 할아버지와,

깡마른 몸에, 목에 칼이 들어와도

옳다면 굽히지 말거라

머리를 쓰다듬어 주시던

진주 강(姜)씨

덕을 지키며 살다 가신 강덕수(姜德守)
할머니의 무덤이 있는 곳
정남향
빛이 가득한 곳
나의 뿌리를 품고 있는 산아

뫼필봉 4

엄마는 돌미나리를 뜯어
솥뚜껑에 부침개를 지져주셨지
그날의 기억은
들기름처럼 구수하구나
나 이제 돌아가
엄마와 평상에 앉아
보름달 바라보며
솥뚜껑 위에 자글거리는 감자전
들기름에 구워놓고
피붙이와 함께 막걸리 먹으며
하늘에 뜬 별들이
술상에서 졸 때까지
지난날의 기억을 풀어놓고
수탉이 울 때까지
추억을 먹고 싶어라

뫼필봉 5

눈 감아도 보이네
언제나 마음에 품고 살아
삶이 힘들어도
삶이 무척이나 고달파도
너에게 가는 길
오롯했으면 좋겠다

태몽

엄마, 나 태몽은?
니는 말이다
마당에 산머루가 주렁주렁하기에
한참을 따먹었는데
하늘에 달이
아마 보름달 맹키로 환했을 걸,
얼마 후 니가 태어났제
참 그날은
꽃샘추위에도 꽃 피는 봄날이었제
근데 와
태몽은 묻고 그러냐?
…(침묵의 시간이 지나)
우리 백정옥 여사 사랑해요
참, 저녁은?
아버지와 밥 먹고 TV 보는 중이다
궁금증을 끝내고
머루 같은 하루를 들고
나의 유년을 찾아
엄마 품으로 가고픈 밤이다

진부(珍富) 공판장에서

한여름, 진부 공판장에는
전국 팔도로 떠날 트럭이 즐비하게 서 있다
전국 도매 시장에서 보내온 시세표가
공판장 게시판에서 펄럭거리며 매달려 있다
시세표 앞에서 농부 서넛이
작황(作況)을 이야기하고
또 병이 들 뻔한 청양고추 살린 이야기에
두 농부는 귀를 쫑긋 열고 있다
다 죽어가는 걸 살려냈다는
흥분이 커피잔에 둥둥 떠 있다
햇볕에 새까맣게 탄 형은
가뭄에 밤잠 설치며
양수기를 돌린 억센 손으로
잘 키운 꽈리고추, 상추, 피망을
온새미로*에 가득 담아
서울로, 전라도 광주로, 대천 해수욕장으로
부산으로, 인천으로 떠나보내고 있다
공판장의 날은 저물어가고
아직도 가뭄에 혀를 내민 배추밭으로
형은 흙 묻은 장화를 신고 간다

배추의 목마름을 달래 주기 위해
저녁 어스름을 밟고 간다

*온새미로: 가르거나 쪼개지 않고 생긴 그대로라는 고유어이며, 이는 강원도 평창군 진부면 농산물 출하 상표명이다.

우통수

1.
우통수 맑은 샘물
저 아득한 한강으로 흐르고

흐르는 맑은 물에 새소리도 따라가니

아, 탯줄 오대산 내 고향
그곳이 시원(始原)이라

2.
달빛이 흩어지고 도라지꽃 몸을 터니

들녘으로 황소울음
찬 이슬 발로 차고

세상사 어지러워도 아침을 여는 물아

3.
한강은 오늘도
꿈을 싣고 흘러왔나

어머니 손길에 향긋한 고향 냄새

노을빛 강가에 앉아서
고향을 그려보네

*우통수: 『신증동국여지승람』에 "우통수(于筒水)는 오대산 서대(西臺)에서 솟아 나는 샘물인데, 곧 한강의 근원이다."라고 기록되어 있다.

사랑의 문
―김란영 결혼식에서

오대산 맑은 물이 흘러가
저 기적의 땅에서 한강을 이루듯이
오늘은 두 인연이 만나
강물처럼 흘러 기적을 만들자는 날
너는 저 우주에서 이 푸른 별에 와
인연의 탯줄로 태어난 아이
설움보다 더 큰 사랑이 가슴에 채워질 때까지
속울음 감추며 키운 꿈이었느니
해가 질 무렵 들판에서
아버지는 굽은 허리로 돌아와
하루를 곱게 털면서
사랑하는 우리 딸 언제쯤 오려나 먼바다까지
문밖에서 서성거렸던 기다림을 생각해다오
하객들 앞에서 촛불 켜고
눈을 감아도 보일 듯한 행복을 만났으니
노을이 지는 저 먼바다까지
눈부신 날에도, 비바람이 불어도
오늘의 약속을 되뇌며
둘인 듯 하나가 되어 걸어가려무나
살다가 힘든 날이 오면

오대산 비로봉에 올라가려무나
숨찬 슬픔도 헉헉거리며 오르다 보면
도토리 열매가 떨어지듯이
걱정도 다 익어 툭 떨어져 굴러가리라
묵은 슬픔 다 털고
길 따라 내려오다가
오대천 맑은 물에 발을 씻노라면
천년을 한결같이 서 있는 전나무도
가지 뻗어, 가지 뻗어
다 응원의 손길로 다가오리니
두 팔 벌리고 바람처럼 걸어가 보려무나
눈물도 다 기쁨이려니
봄빛이 눈부신 날
구수하게 냉잇국 끓이듯이
늘 그러한 마음으로
사랑만 마주 보고 살아가려무나

진주로 가는 아버지

농사짓고 사는 형이 전화로
아버지가 진주 고모 만나러 망종간데
형, 망종이 뭔데
멀리에 사는 그리운 사람들
죽기 전에 마지막으로 본다는 말이래
진주로 가는 아버지의 마음은
피붙이와 보낸 유년을 들고 가겠지
개울물로 손장난에 웃던 누이들 찾아가겠지
아주 어릴 적에 할아버지께서
진주 사돈을 찾아가시던 그 길 따라
이젠 아버지께서 고모를 만나러 가신다네
시간 위로 무덤이 생겼지만
지금 해를 바라보며
누이를 만나러 가는 망종길
사과 농사로 살아온 시누이가 보고파 엄마도
아버지와 손잡고 가는 진주 천릿길
망종을 생각하는 사이로
밤비가 부슬부슬 서럽게 내린다

할아버지

논두렁에서 풀 베며
묵묵히 한세상을 사셨다
산비탈 밭고랑에 오리걸음이었다

지금은
삼베옷 벗어놓고
낫 놓고 쉬시며
일궈놓은 논밭을 바라보시리라
새소리 벗 삼으며
뫼필봉에서,

농부의 숨결로
논밭을 일구고 사는 형의 어깨를
가만히 바라보시리라

농부의 꿈이 날아오른다

누가?
왜, 버렸을까?
17가지 곡물을 담은 잡곡 포대를
이 낟알 한 톨에 스며든 발소리
여든여덟 번이나 깊숙이 박혀 있는 알곡들
산골에서 자란 조, 수수, 팥, 기장, 여문 쌀을
보리와 콩의 수런거리는 이야기를
누가?
왜?
여기에 버렸을까?
어젯밤 내린 부슬비에
농부의 설움이 축축하게 젖어 있다
나는 농부의 발소리가 스민 낟알을 쏟아내어
맑은 물에 씻고 씻어
고이 말려서
비상을 꿈꾸는 새들 모이로 준다
햇살에 잘 마른 수고를
혀로 핥는 참새, 비둘기가
낟알의 힘으로 푸른 하늘을 날아오른다
땅속 개미도 나와

농부의 땀을 힘껏 끌고 간다
이 푸른 별에 사는 저 눈부신 목숨이
열흘, 아니 한 달포쯤
농부의 땀으로 싱싱하게 살아가겠지
저 푸른 하늘에서
농부의 땀방울이 구름을 만나
두메산골 밭머리에 비가 되어 내리겠지

카톡 편지
―미국에 사는 누이에게

너에게는 고국
나에게는 조국

봄날, 전화하는 아우
식구들은 싱싱한 꽃다발을 받은 듯 환하다
마당에 핀 대추나무 같은 그리움아

아우야 지금 여기는
복사꽃이 봇물로 쏟아지는 늦봄이란다
뒷산 돌배나무가 한창이란다

태평양을 건너간 아우야
고향의 봄빛을 바구니에 가득히 담아서
카톡으로 보내주마

고국의 봄을 생각하며
고향 소식에 편히 숨을 고르려무나

상원사

천년 고찰 상원사
동종 소리가 퍼져가는 저녁
한암 선사께서 어루만졌을 전나무가 푸르다
대종사 발걸음 따르다가
계수나무를 바라보는 바위에 앉아
비천무로 너울거리는 선녀를 따라갈까나
목조문수동자좌상과 얽힌 이야기*
세조대왕의 옷자락
살포시 잡는
고양이랑 산책할까나

종성의 여음을 듣는
오대산 만월은 달빛은 흩뿌리고
꽃 피네
꽃 지네

*세조는 말년에 욕창을 앓았는데, 치료차 오대천의 맑은 물에 몸을 씻다가 지나가는 어느 동자에게 등을 밀어달라고 부탁하였다. 세조는 동자가 등을 밀어줘 몸이 날아갈 듯이 가벼워져 기쁘나 한편으론 부끄러워 동자에게 "어디 가서 왕의 옥체를 보았다는 소리를 하지 마라." 하였는데, 동자도 "어디 가서 문수동자를 봤다고 말하지 마십시오."라고 답하고는 사라졌다고 한다.

오대산

사랑하는 그대여,
금강소에 도화 뜬 물을 보라
산천어, 열목어가 헤엄치며 반기리라

천년의 전나무 숲길
숨 가쁜 호흡 천천히 고르고
맨발로 땅을 밟으면 사는 길도 보이리라

산안개가 걷힌 만월산 아래
달이 뜰 때까지
약왕보살을 가만히 보며 만날 적광(寂光)의 세계

허공을 마시고 툭 뱉어내는 탄허(呑虛) 스님의 목소리가 박혀 있는 곳, 찬 바위에 앉아 세상을 다 품고 살다 가신 한암(寒巖)의 발걸음도 만나리라

오르고 또 오르면
백두대간의 심장에 터를 잡은 적멸보궁
도토리가 떨어지는 가을이면 더 아름다우리라

다시 내려오는 길
오대천에 물소리에 발을 담그면
발가락을 톡톡 건드리는 산천어가 있나니

사랑하는 그대여
달도 멈췄다 가는 월정사
피안의 무지개를 만날 수 있는 오대산으로
오시라, 초대장을 보냅니다

굴뚝 연기

뒷산에서 땔감 한 짐 지고
저 멀리 보이는 우리 집까지 땀나고
숨이 찰 때마다
피어오르는 저녁 굴뚝 연기가 좋았어라

지게 위
땔나무 한 짐에
휘청거리는 발걸음이어도
한 걸음만 더

엄마는 호박잎 찌고
강된장 구수하게 끓여놓고
아궁이에 불 피우고 기다리는 저곳까지
형과 함께 갈 때가 좋았어라

지금도 외딴 산골에
저녁연기가 피어오르면 그날처럼
한 바가지 땀을 흘리며
등대처럼 바라보았던 굴뚝이 생각나누나

경계선 1

  흰 창호지 한 장 덮고 나니 햇빛이 들지 않는 땅 울음은 단풍으로 떨어졌습니다

  죽사리의 경계선으로
불어오는 바람은 어느새 고요하고
이 별에 울음이 가득합니다

  살가운 얼굴들이
목련이 핀 골목으로 뛰어가는데,
도마소리에 깨어난 아침

  악몽을 이불에 싸매놓고
경계선 밖을 보며
살아갈 날들이 있어 다행입니다

경계선 2

낙엽을 쓸다가
떨어진 낙엽을 쓸다가
마당은,
담장 밖 낙엽은 언제 다 쓸어내리오
천지가 다 가을이고
낙엽은
지천에 무수한데

쓸다가, 쓸다가
바람이 불어와 한 잎씩 쓸고 가노니
나는 그냥 서서 바라볼 뿐
낙엽은,
경계가 없이 떨어지는데
옹졸한 마음
빗자루 쥐고 서서
내 마음에 허물지 못한 담장
가만히 바라보았다

제4부

사망진단서

달랑,
사망진단서 한 장
A4용지에 찍힌 선명한 글씨
망자의 이름 석 자
이승의 삶은
한 줌의 뼛가루로 날리고
흰 종이에 이름만 남아 있습니다
이별의 풍경인가
몇 번이나 만져보며
아쉬운 기억을
글자 사이에 끼워놓았습니다
자식들을 걱정하시며
떠나간 한숨이
종이 위에서 떨고 있는데
추운 세상에
대낮은 구름에 덮이고
찬 바람이 불고
싸락눈만 펄펄 내립니다

지구별에 태어나 1
―생(生)

나에게 더 깨닫고 오라
지구별 자궁의 속으로 들여보내고
무언의 말을 전하시는 이여
씨앗에서 싹이 터 꽃이 된 나에게
해가, 달이, 바람이, 그리고
젖을 물린 어머니의 뭉클함이
이 지구별에 태어나게 하셨습니다
기다가 일어서서 걸어갈 때
박수의 힘으로 살아왔습니다
때로는 비틀거리며 걸어가다
곧은 길을 찾으면
담장의 장미를 바라보듯이
아주 오랫동안 서 있었습니다
산골짜기에서 흐른 냇물이 강이 되듯이
살아가는 동안에
메마른 삶 속에서 천둥소리 들을지라도
비가 그치면 무지개가 뜨듯이
생은 눈부심이 아니겠는가

지구별에 태어나 2
—노(老)

강물이 흘러가는 강가에 앉아
수양버들잎 몇 잎
손 위에 올려놓았더니
지는 노을이 하늘에 수를 놓더라
평범하게, 평범하게
숟가락과 젓가락 사이에
시간이 주름처럼 쌓이듯이
이 푸른 별에서 사는 일이 좋아라
별이 되는 그날이
숨 가쁘게 달려올지라도
구름을 한 숟가락으로 퍼먹으며
몇 굽이 더 휘돌아
가고 또 가야 만날 서해까지
굽이치는 강물이 되리라

여생

그리운 날은 가고
그리워할 날은 남고

노을이 붉어
더 고요한 강물아

말문은 닫고
새소리에 눈 감으리라

저기 떠나가는 배
—故 김형창에게

사랑하는 친구야
한세월 웃음으로 살아가다가
찾아온 절벽 앞에 서서
힘든 고통 속에 희망의 끈이 있다고
온몸으로 믿음을 보여준 친구야
이제는 잘 살았다고
영정에서 환하게 웃는 친구야
긴 투병 속에서도
너는 마지막까지 웃었지
가는 길 외롭지 않게
어깨동무한 벗들이 모여
추억을 한 잔씩 따라 마시고 있다네
이젠 평온하게 가시게나
노래방에서 노래하듯이 가시게나
남아있는 우리는
너의 호탕한 웃음처럼
살다 가겠네,
잘 가시게나, 친구여

낭만 가객
―故 천승현 가수를 그리며

우리는 언제나
당신을 낭만 가객이라 불렀지요
먼 산골짜기에서 흘러와
세파에 찌든 도시까지 흘러와
말 없는 고요로
묵중한 바위 같은 목소리로
손끝에서 튕겨내는 기타 선율 하나로
우리의 눅진한 삶도 달래주고
말없이 둘러맨 낭만
두 어깨에 짊어지고 사시다 가셨지요
당신은 늘 바람처럼 구름처럼 흘러가다가
인사동 시가연에서
닻을 내린 이생진 시인 앞에서
잔잔한 웃음으로
두견새 울음처럼 나지막하게
삶의 설움 달래주려는 듯
노래 한가락으로 슬픔을 달래주셨지요
천국에서 낭만을 찾는 이 있다면
시가연의 풍경처럼 노래하소서
언제나 그렇듯이

오는 것이 가는 것이라고
말없이 어깨 위에 기타 하나 둘러매고
떠난 가객(歌客)이여
보헤미안 천승현 가수여

노동의 하루

빈 지갑 속
텅텅 빈 하루에
삶은 쓸쓸하고 고단하기만 하다

등 굽은 비애
곱게 펴 주머니에 넣고 나와
삽 한 자루 들고

새벽에서 저녁까지
노동의 기도로
땀 흘려 쌀독이 채웠어라

성스러운 하루
노을을 바라볼 때까지
거친 손 가만히 감싸주는 기도여

반가사유상 앞에서

하루를 살아도
사과 한 입 베어 물듯이
향기 가득한 날이 되게 하소서

무릎 꿇고 손 모아
푸른 별에서 살아낸 오늘이
그냥 눈부셨음을 알게 하소서

때로는 핏방울이
덧난 슬픔 위에 떨어져도
눈을 뜬 촛불에 빛나게 하소서

험한 길을 걸을 때
다 함께 걸어온 사람들이
따뜻한 사랑이라 여기게 하소서

뜨거운 기도로 살다가
하루를 접는 날
뒤돌아보지 않고 떠나게 하소서

석류(石榴)

시간도 곱게 익어
속살이 붉어 눈부신 사랑아
폭풍의 계절에도
꼿꼿한 삶으로 견뎌내며
환희의 문을 여니
귀뚜라미가 서성거리는 가을밤
그대의 하얀 치아
붉은 웃음소리 들려오나니
옷깃 여미고 보는 너
조용히 손 내밀어
그대의 단아한 입술에 닿듯이
나의 시(詩)에 곱게 번지면
너처럼 붉고 눈부실까나
화끈거리는 가슴
달뜬 입으로
꼭 깨물어보는 내 사랑아

홀아비바람꽃

선자령 능선
홀아비바람꽃
어두운 땅에서 삐져나와
흰빛으로 핀 너
웃음으로
설렘으로 만져보고파라
여인의 속살 같은
눈부신 꽃잎
가만히 바라보다가
해지는 줄 모르다가
선자령 길 따라
봄을 밟고
내려오는 콧노래
고개 돌려 또, 가만히
뒤돌아보는 꽃

사피니아

그대는 어디서 왔을까
너는 나보고
어디서 왔냐 되묻고
이 별에서 뜨겁게 사느냐고
붉은 정열의 입술로
또 묻는 듯해라
우리 서로 애틋하면 어떨까
가만히 말해 놓고
바라보는 너는
이국의 여인, 사피니아여
햇살 가득한 뜰에 앉아
너를 만나 눈부시다
엽서에다 흘림체로 쓴다오

호두

호두 두 알
손안에서 굴러가네

손으로 꽉 움켜쥔 시간의 촉감이여
별빛도 만져질 듯

호두에 스며든 햇살도
따습게 만져지네

느티나무

내 마음을 온전히 덮어주네
덧난 하루 살다 보면 사는 길이 환하여라
그늘은
초록 그림자라
등 뒤에서 토닥토닥

내 삶이 계절 따라 먼저 울고 먼저 가도
너만은 그 자리에서 나만을 바라본다
눈 뜨면
보고 싶은 마음
느티나무 내 사랑아

살구

아이야,
살구 한 알 먹으렴
구름도 햇살도 박혀 있는 우주까지

마을버스 02번

개여울 종점으로
물처럼 흘러가는 마을버스 02번
꽉 들어찬 사람들
벼랑에 부딪혀도 부서지지 않는
물방울같이
하루를 살아낸 사람들
문이 열리자 폭포처럼 쏟아지고
아직도 남아
졸고 있는 두 사람,
개여울로 끝까지 헤엄치는 연어들
오밤중이 깊어가도
고단한 꼬리지느러미 흔들며
산란할 안식을 찾아
몸 풀러 종착지까지 가는
마을버스 02번

시마(詩魔)
─K 시인께 보내는 편지

  느티나무 그늘에 앉자 K 시인의 시집 '월동추'를 읽고 있는데 전화가 왔다 온종일 시만 생각하고 살아가는 K 시인의 목소리가 한여름 맴맴 매미 소리처럼 시원하고 호박 줄기처럼 싱싱하다 나의 문장은 뿌리내리지 못하고 개구리밥처럼 둥둥 떠다니는데 오늘도 시 한 편 붙잡고 산다는 말은 사탕처럼 달았습니다 편두통처럼 퍼져가는 저녁노을을 바라보며 기다리는 시는 오지 않고 열풍에 땀 흘리는 날인데 K 시인의 목소리는 가마솥 누룽지처럼 향긋합니다 산고(産苦) 끝에 눈빛 맑은 아이로 시집을 낳고 싶다 이렇게 독백을 써도 한 편의 시가 되겠습니까 땡볕의 한여름을 잘 건너가라는 그 말, 느티나무 그늘에 앉아 오늘 할 일을 마쳤습니다

강원도 사랑가
―벗, 한성호*에게

강원도 두메산골 시냇물이 흘러와
마침내 한강을 이루듯이
우리는 참으로 멀리서 떠나왔습니다
눈을 감아도 보이는 고향을 가슴에 묻고
우리는 꿈을 찾아 떠나왔습니다
서로의 사연은 달라도
삶이 힘들거나 외로울 때
늘 고향 까마귀들이 곁에 있었습니다
서로서로 버팀목이 되었습니다
서울이라는 낯선 곳에서
대문을 나서면 달려갈 고향이 가까이 있어
우리는 해 뜨는 강동에 사는 연어들
옛말에 강원도는 암하노불이라
언제나 묵묵한 자세로
은은한 웃음으로
흔들리지 않는 큰 바위로 살아
백두대간의 힘으로 강동을 사랑하며
이곳을 텃밭 삼아 뿌리내리고 살았습니다
이제는 태풍이 불어와도
꺾이지 않는 곧은 감나무가 되어

길 찾는 새에게 둥지 틀라고
까치밥을 남겨두고 온 정 많은 사람들
이웃에게 살가움이 된 강원도 사람들이여
한강의 발원지에서 온 우리는
눈에 선한 고향을 그리며
다 같이 강원도 사랑가 불러봅니다
어화둥둥 내 사랑 강원도여
어화둥둥 내 사랑 강동이여

*강동구강원특별자치도민회장

온종일
―이생진 시인께

백수(白壽)에 다다른 시인께서
나의 시집 '비밀의 숫자를 누른다'를
온종일 읽으셨다는 말씀
마음에 드는 시 제목을 뽑아
바탕체로 적어 보내주셨다
그 침침한 눈으로
밑줄 그으시며 읽으셨다니
나는 파도 치는 바닷가 모래밭에서
천진한 소년이 된 듯이
맨발의 아이처럼 신났습니다
이생진 시인은 언제나
뒤따라오는 걸음의 등대였고
매듭진 시(詩)를 풀어줍니다
해삼 한 토막에 소주 두 잔으로
그리운 바다 성산포
베고 누웠던 생자(生子)의 하루는 천금입니다
갚을 길이 없는 천금입니다

제5부

애절양
―다산(茶山) 시집을 읽으며

초당에 앉아
찻잎 띄운 그릇
말없이 바라보았을 다산

가만히 손 내밀어
고요를 들고
먼 산 바라보며 툇마루에 앉아

눈물로 먹 갈아
막막한 유배지에서
애끓는 창자에 쓴 시편들

점자책 읽듯이
손끝으로 만져보는 다산의 혼이
늦봄에 어깨를 툭 치네

허난설헌 생가에서

강릉시 초당동 390
허난설헌 생가에 앉아서
기둥을 만져보네
당신의 웃음소리가 박혀 있을까
귀 대이고 엿들어 보았네
규원가를 해마다
읽고 가르치며 당신을 만났네
곡자(哭子)를 읊조리면
찬방에서
뼛속에 스며드는 슬픔을 움켜쥐고
쥐어뜯는 울음이 보이네
군불도 때지 못한 냉골에서
두 자식 먼저 보내고
베틀에 앉아 베를 짜며
돌아오지 않는 사랑을 기다리며
규원가를 부른 여인이여
광주시 초월읍
당신의 무덤 앞에서
술 한 잔 올리려고 찾아갔었다오
초당동 뜰에서 보았네

헤매고 헤매다 찾아와
그 옛날이 그립다는 듯이
접시꽃에 앉은 나비 한 마리가
당신의 화신이런가
마당에서 너울너울 춤추네

사는 것이 외로워도

사는 것 외로워도
다 그 자리에서 홀로 있다
청산을 넘어가는 구름처럼 흐르다가
비가 되어 내리고
물이 되어 흘러가듯이
인연은 다 흘러간다
몸 얻어 한세상 어울렁더울렁
살다가, 살다가
꽃을 피우고 열매가 되듯이
그런 날이 오리라
그날이 올 때까지
휘어진 대나무가 흰 눈에 덮여도
칼바람에도 곧으리니
사는 것 외로워도
다 그 자리에서 홀로 서 있다

문신을 만나다

늦가을 오후 덕수궁
국립현대미술관
화가 문신의 그림을 만나다
바라보는 문신의 그림
원하는 꿈
원하는 우주를 다
빙어의 내장처럼 다 드러내놓고
보라, 허허 웃는 화가여
문신의 그림에는
두 팔 벌려 세상에 남겨놓은
당신의 혼
당신의 사랑이
그림과 조각으로 남아있다
전시전 밖에서
나는 두 팔 벌리며
삶이 녹아든 한 생애를 만나고
덕수궁 뜰에서
가을 햇살에 배가 부르다
춤추고 싶다

브레이브걸스의 롤린을 들었지

뉴스를 통해 알게 된 노래
브레이브걸스의 롤린을 들었지
무지개 뜨는 날 기다리다가
사는 게 힘들어서 꿈을 곱게 접었지
어느 병사의 가슴에 박힌 노래가
울림이 되어
한 척의 돛단배를 띄웠다지
그대들 떠남이 아쉬워
두 팔을 벌려 흔드는 해방구
군인들의 함성이 되살아나
거리거리마다 울려 퍼지는 노래는
항구에 도착한 배 한 척
이제 그녀들의 롤린도 닻을 내리고
희망의 등대 불빛이 되었지
싸매놓은 슬픔의 보따리를 매고
떠나려는 사람들이여
저 황홀한 노래, '롤린'을 들으며
절망을 다 내려놓고
온몸을 가락에 싣고 따라가볼까나

*브레이브걸스는 뚜렷한 성과가 없어 해체 논의가 오갈 정도로 힘든 시기를 보낸 걸그룹이다. 그러다 2017년 3월 발매한 '롤린(Rollin)'이 2021년 뒤늦게 주목받으며 음원 차트 역주행에 성공, 걸그룹 해체 직전에 새 활동의 동력을 얻었고, 데뷔 1853일 만에 음악방송에서 첫 1위를 거머쥐기도 했다.

의암의 노래
―유인석 장군을 추모하며

예로부터 백성은 풀이라 했느니
그 풀이 바람에 눕고
그늘에 덮여 울던 그 해
살쾡이와 같이 째진 눈으로
우리를 호시탐탐 노렸고
밥때 되어도 우리의 무쇠솥은 녹슬 뿐
굶주림의 한숨은 켜켜이 쌓였어라
사람이 사는 길
스스로 부끄럽지 않아야 한다는데…
온몸으로 보여준 정신이여
부서지는 풀들의 바스락거리는 목숨을
무너지는 왕조의 울음을
밤새워 듣고 계신 형형함이여
먹과 붓으로 사시던 삶이
의로운 바위 되어
우리의 중심이 된 분이시여
곧은 신념의 깃대를 세우시고
깃발 휘날리며 함성으로 달려갔어라
의암의 혼은 한강에 넘실거리고
풀뿌리를 적시며 흘러가듯이

이제, 우리도 당신처럼
불의에 맞서며
썩어가는 기둥 뽑아내고
우뚝 솟은 돌기둥 세우며 살아가리라

택배 시집

그 누군가가
오랫동안 읽었을 시집 몇 권을
버렸는가, 환한 세상으로 나가라고
그 낡아가는 시간을 견딘 시집을,
눈 밝은 이가
찬 겨울 두드리며 먼지를 툭툭 털었으리라
늙은 황소처럼 묵묵히
되새김질하듯 책을 끼고 살면서
늘 펄럭이는 깃발 같은 전홍걸 형이
폐지로 버려진 시집 몇 권
눈을 쓸고 폐품을 정리하며
따스한 커피 한 잔의 온기로 읽은 시들
고뇌로 새긴 판화 같은 시편들
문 밖에 함박눈 내리고
은비늘 같은 바람이 펄럭일 때
화로에 땔감이 될 시집 몇 권
시인의 밤이 너무 추울 것 같아서
택배로 보내준 시집들
풀어진 단추처럼 차가운 시집을 펼쳐놓고
뭇국을 끓여 훌훌 마시며 생각한다

버린 사람, 주운 사람이 있어 다행이다
내 곁에 온 어느 시인의 겨울을 생각하며,
눈 밝은 이가
나뒹굴거나 땔감이 될
나의 시집을 주워 줄까나?

팔당댐

낮은 곳을 향하여
고운 길
서러운 길 따라
흘러온 꿈들이 잠시 쉰다
두물머리에서
합방한 사랑들이
소곤소곤
가슴 비비고 있다
물은 언제나
막히면 머물다가
문이 열리면
세상의 끝으로 흘러간다

나물 밥상

봄은 한겨울의 창고에서
끝까지 버틴 힘으로 눈을 뜨고
산골의 콧노래로
나물 바구니는 찰랑찰랑
노을에 일렁이는 봄의 향기
고무다라에 가득히 퍼지네
우린 잘 삶은 봄
넉넉하게 펼쳐놓고 먹는다
취나물, 잔대, 삽주의 쌉싸름한 잎들을
겨울을 이겨낸 봄을 싸서
한 입 베어 물고 웃는다
내 고향 곧은골[直洞]에서

아파트 벽화공

롯데베네루치아
고층 아파트 벽에 매달린 하루
단단한 줄에 의지해도
바람에 흔들리며 페인트칠하는 세 사람
가까이 갈 수 없어
어떤 얼굴인지 알 수 없어도
멀리서 바라볼 때
무당벌레 세 마리가 벽 타는 풍경
삶은 애잔한 벽화였다
발 디딜 지상을 그리워하는
세 마리 무당벌레
무사히 땅에 내릴 때까지
멀리서 바라보았다

나도 지상에 사는 무당벌레였다

무채를 썰며

봄비가 내리는 날
티브이엔 꽃샘바람 불어와도
남도의 홍매화가 핀다
삶은 봄비에 젖는데
눅진한 어둠은 책 사이로 스며든다
고양이가 핥고 간 시간 사이로
허리가 꺾인 하루가
신음처럼 누워있는데
쿠쿠의 입김은 어느새 저녁을 적신다
무채를 잘게 썰고
들기름으로 지루함을 볶아도
어제의 갑옷이 그리운데
헐렁한 퇴직은 낯설기만 하구나
문밖에 나가보고
돌아올 사랑을 기다리며
다시다 고향의 맛으로
구수하게 저녁 밥상을 차려놓고
말 없는 고양이에게
말을 거는 하루

여우콩

내 여우는 어디로 갔을까나
눈길 헤매던 이가
먼 길 떠난 이를 애타게 찾다가
여우콩이라고 불렀을까
그래 맞아
떠난 여우 같은 사랑 그립다
발걸음 멈추고
나를 떠난 여우로 봤나 봐
콩깍지 씌인 눈으로
그렁그렁한 눈물로 서서
나를 매만지고 쓰다듬던 사람
울컥한 마음을 담아
날 보고 여우콩이라 불렀나 봐
시린 사랑으로 목마른 이여
나를 매만지듯이
떠난 사랑 가슴에 품으면
따스하지 않겠는가
나도 여기 위로의 열매로
붉게 매달려 있어야 할까 봐

튤립

너의 꽃말이
사랑의 고백이라니
겨우내 목젖 가득한 사모라니
내뱉는 향기가 그윽타
오월의 담장에 핀 너를 보며
봄을 밟고 가는 길
너의 순수한 고백 앞에서
한없는 사랑의 향기
입술에 적시려네

자작나무

백화(白樺)여
흰 눈꽃 같은 그대여
너를 가만히 안고 서 있으면
내 고향 저녁
굴뚝 연기
폴폴 날아오르고
여물 끓는 소리도 들려온다
고라니가 슬피 우는 산골
그 아련한 곳
자작나무숲
아득한 길 따라
그리움이 마중 나올 듯
숲길 끝까지
숨 가쁘게 걸어가고파

뱀딸기

  뱀의 붉은 혀로 얇은 바람이 스며들어 열매가 되었나, 비에 젖은 축축한 오후를 말리다 툭 건드린 사랑 같은 열매가 되었다냐. 길손 같은 다람쥐가 숨 고르고 바라보라는 듯이 주렁주렁 매달려 있는 열매가 있나니,

  뱀딸기,
  너를 꼭 깨물고 싶다
  첫사랑과 입맞춤하듯이 너를

강릉행 청춘열차

눈부신 날
내 어깨에 기대어
달려가는 청춘 열차
화창한 날 내 마음을 담고
달려가는 청춘 열차
경포대 금빛 모래 동해바다는
우리 꿈도 지켜주겠지
달빛 아래 영원한 너와 나의 첫사랑은
달빛 아래 달콤한 너와 나의 첫 키스는
눈부신 밤 가슴에 핀
언약의 불꽃이겠지
강릉행 사랑 앞에서
밀려오는 행복 내 연인아
아침 햇살 속
뱃고동 소리에
내 영원한 사랑을 담네

시노래
작시 김태경, 작곡 이태강, 노래 이태강

인터뷰

산촌 여정 혹은 사랑의 노래

○근본신념에 대해 생각한다. 아시다시피 인간은 동물과 달리 이상적인 삶과 세계를 구현하려고 한다. 이것을 철학 쪽에선 '근본신념'이라 일컫는다. 따라서 근본신념은 단순히 사유하는 관념이 아니라 '온몸으로 신앙하는 신념' 같은 것이다. 그것은 또 삶 전체를 규정하는 신념이라는 것이다. 철학적인 내용이지만 그 형식은 시에서도 일견 드러날 수밖에 없다. 그렇다면 시인의 근본 신념은 무엇인가.

시는 다른 문학 장르와 달리, 함축적 시어, 심상, 주제, 운율을 고려해서 만들어진 문학이며, 시는 시상 전개와 표현 방식을 나름대로 형식적 요건을 갖춰 표현하는 문학이다. 그리고 그 형식 속에서 시인이 지향하는 이상적인 삶과 세계가 구축된다고 봅니다. 또한 시가 지향해야 할 근본신념은 '인간의 내면세계'에 있는 희로애락(喜怒哀樂) 애오욕(愛惡慾)의 감정을 시적 형상화를 통해 인간의 '내면의 평화'를 얻는 과정이 아닐까요? 시인은 자신이 추구하는 근본신념을 주제, 운율, 이미지라는 시로 잘 버무려야 합니다. 즉 인간의 감정은 날마다 출렁거리는 바다와 같습니다. 표면에 일어나는 거친 파도와 심해의 잔잔함이 둘인 듯 하나이고, 하나인 듯 둘입니다. 그러므로 시는 신념이고, 신념은 시가 되어야 합니다.

○이 시집은 처음부터 춘천, 진부, 발왕산, 건봉사, 대관령, 함백산, 게냇길, 운주사, 봉선사, 상봉역, 우통수(于筒水), 오대산, 상원사, 허난설헌 생가, 팔당댐 등 특정 지명과 관련된 시가 눈에 많이 띈다. 이런 장소와 관련하여 시가 써지는 배경은 무엇인가.

우리는 날마다 시간과 공간의 교차점에서 우연인 듯 필연의 자리에 서 있습니다. 즉 우리가 서 있는 곳은 우주의 중심이고, 그 중심에서 동서남북이 결정되는 것이다. 그러므로 삶의 주체가 바로 '나[我]'가 됩니다. 이렇게 시간과 공간의 교차점에서 시인에게 고향은 생명의 뿌리일 수밖에 없습니다. 백두대간의 허리인 평창군 진부면에서 나고 자라다 보니 강원도의 자연을 노래하는 것은 당연지사(當然之事)가 되었습니다. 또 춘천, 건봉사, 운주사, 봉선사, 상봉역 등은 인연의 자리에서 서서 얻은 시들입니다. 건봉사는 군대 생활할 때 늘 함께한 곳이고, 세월이 흘러 다시 찾은 감회를 노래한 시이고, 또 '게냇길'은 강동구 산책로에서 만난 곳이며, 특히 허난설헌의 '규원가'를 해마다 강의하고, 허난설헌의 무덤과 생가를 다녀와 얻은 시입니다. 진부, 발왕산, 대관령, 우통수, 오대산, 상원사 등은 내 고향의 명소이고, 고향에서 자랄 때는 잘 몰랐는데, 도시살이에 지쳤을 때 회복의 마데카솔 같은 곳입니다. 그래서 시에 자주 등장하는 지명이라고 보시면 됩니다.

○또 한편 이 시집은 문체적인 측면에서 보면 대체로 '부드럽고' 또 '힘차게' 느껴지는 우리말이 살아 있으며, 시인은 또 그 삶을 그렇게 기록하고 있다. 시인의 삶은 얼마만큼 부드럽고 또 얼마만큼 힘차다고 생각하는가.

시를 쓰면서 한자어와 우리말의 내포적 의미를 생각할 때가 많습니다. 특히 윤동주 시인의 '또 다른 고향'에서 '어둠 속에 곱게 풍화 작용하는/ 백골을 들여다보며'에서 윤동주 시인께서 '풍화작용'을 대체할 우리말을 찾기 위해 고심했다는 글을 읽고 난 후, 불가피한 상황이 아니면 '순우리말'로 시를 쓰려고 합니다. 즉 부드러운 우리말이 오천 년을 이어온 '우리말의 힘참'이라고 생각합니다. 우리말은 물처럼 부드럽고, 바람처럼 강하고, 만물을 안아주는 힘이 있는 언어라고 봅니다. 그래서 가급적 우리말로 시로 쓴 것이 오히려 '부드러운 듯 힘차게'라는 느낌을 준 것이라 생각합니다.

○이 시집에서 또 언급하지 않을 수 없는 포인트 중 하나는 불교적 사유(思惟)라고 할 수 있다. 시인의 그 시적 사유는 어디서부터 비롯된 것인가. 혹시 수계라도 한 것인가. 법명은 무엇인가.

젊은 시절 '탄허(呑虛) 대종사'께서 오대산 월정사 금강루에서 설법하시는 것을 여러 번 듣는 행운을 얻었습니다. 또 원행 스님이 알려주신 불교 이야기 등 내 고향 오대산 월정사에서 자연스럽게 불교와 인연을 맺었습니다. 그리고 강릉 관음사

포교당에서 첫사랑인 아내를 만난 인연이 있습니다. 절에서 마시는 마가목차나 새벽 예불을 드릴 때 듣는 종성, 월정사팔각구층석탑 위로 흘러가는 구름, 금강소의 맑은 물소리 등을 만나면 마음이 한없이 편합니다. 학창 시절에 매주 포교당에서 암송하던 불경을 통해 자연스럽게 불교적 사유가 만들어졌고, 누구나 이 푸른 별에 인간의 형상으로 왔다면, '왜 이곳에 왔을까?', '왜 왔는가? 어디로 갈 것인가?' 등 근본적 질문을 던지며 살아가는 것이 인생이라고 봅니다. 이것이 불교적 사유의 뿌리가 되었습니다. 또 '탄허' 스님께서 '묘적(妙寂)'이란 법명을 주셨습니다.

○북방 사내, 일요일, 뫼필봉, 경계선, 지구별 등 이번 시집의 특징 중 하나인 연작시가 돋보인다. 같은 맥락을 존중하면서 연작을 쓴 배경이 궁금하다. 특히 북방 사내와 뫼필봉이 궁금하다. 시인의 소회가 궁금하다.

연작시 중 '뫼필봉'은 내 고향 앞산 봉우리 이름입니다. 우리 동네 곧은골[直洞]에서 가장 높은 곳이고, 그곳에 할아버지, 할머니 산소가 있어 해마다 성묘를 다녀옵니다. 옛말에 '추원보본(追遠報本)'이란 말이 있듯이, 뫼필봉은 언제나 삶의 근본을 일깨워주는 산이기도 합니다. 또 어린 시절 다락방에서 뫼필봉을 바라보며 아버지께서 읽었던 우리나라 명시 모음집, 김소월의 진달래꽃 등 여러 시집을 읽었습니다. 이것이 연작시 '뫼필봉'으로 이어진 것입니다. '북방 사내' 연작시에 나오는 '백석, 이용악, 윤동주' 등 우리 문단사에 한 획을 그은 시인이고,

그들이 쓴 시를 해마다 강의하면서 느낀 감정을 연작시로 표현한 것입니다. 우리는 이 지구별에 태어나 생로병사(生老病死)의 과정을 거치고 있습니다. 앞으로 이에 대한 생각을 연작시로 쓰려고 합니다.

○친구 김형창을 비롯하여 천인갱(千人坑), 이덕삼, 천승현, 유인석 등 이미 세상을 떠난 자들에 대한 추모의 정을 담은 시가 있다. 시가 죽은 자를 향하는 것인가. 아님 죽은 자가 시를 향한 것인가.

  삶과 죽음은 시인이 다루어야 할 하나의 주제라고 봅니다. 신라 향가, '제망매가', '모죽지랑가', 박목월의 '하관', 다형 김현승의 '눈물', 김광균의 '은수저' 등 모두 죽음과 관련된 작품들을 여러 번 강의할 때마다 역설적으로 삶에 경건성을 배웁니다. 그리고 주변에서 먼저 떠난 죽음이 어떻게 다가오는지, 또 그 죽음 속에 남아 있는 메시지가 무엇일까? 천착하면서 얻은 시들입니다. 특히 '천인갱(千人坑)'은 중국 해남도(하이난섬)에 있는 지명입니다. 이곳은 일제강점기 때, 조선이 광복되었어도 일본이 저지른 만행을 감추기 위해 조선인 천여 명을 갱도에 생매장했다는 역사적 사실을 접하고, 서럽게 돌아가신 망자의 목소리를 대신해서 쓴 '진혼곡'이라고 보면 됩니다. 독립운동가 이덕삼 선생님께서 중국 만국공묘에 묻혀 있고, 우리나라에 모셔오려고 해도 모실 수 없다는 신문 기사를 읽고 쓴 시입니다. 또한 춘천의 자랑거리인 의병의 대장이신 '의암 유인석'의 우국지정(憂國之情)을 추모한 시이고, 김형창은 둘도 없는 벗이었는데, 대학교 졸업 후 평생 국어 선생으로 교직 생활을 마칠 즈음 암투병으로 세상을 떠났습니다. '떠나가는 배'는 벗을 그리워하며 쓴 시입니다. 그리고 인사동 시가연에서 천승현 가수의 노래를 들었습니다. 그 낭만 가객이 세상을 급하게 떠났어도 그리워하는 사람이 이 땅에 있음을 알려주고 싶어 쓴 시라고 보면 됩니다.

○인물에 관한 시도 있다. 한성호, 이생진, 전홍걸, 브레이브 걸스, 문신 등 일일이 다 밝힐 순 없어도 시집에 등장하는 인물들은 시인과 각별한 사이인 것 같다. 특히 이생진 시인은 원로 중의 원로 시인이라고 할 수 있다 이생진 시인과의 최근의 에피소드를 들려줄 수 있는가.

  한성호는 고향 친구로, '강동구강원특별자치도민 회장'으로서 취임할 때 축하하기 위해 쓴 낭송시입니다. '강원도 사랑가'는 강동구에 거주하는 강원도민이 강원도를 떠나 서울에서 사는 마음은 무엇일까? 그 마음을 표현하고자 했습니다. 특히 이생진 시인은 시를 공부하는 저에게 많은 영향을 주고 계시는 시인입니다. 이제 백수(白壽, 99세)를 바라보는 연세임에도 시를 쓰고, 독서와 사색하며 사신다는 말씀에 저절로 삶의 외경(畏敬)을 배우게 됩니다. 또 전홍걸은 아주 오래된 인연이고 호형호제하는 사이입니다. 세속에 살면서도 세속에 물들지 않으려고 끊임없이 노력하는 그 모습은 언제나 삶의 귀감(龜鑑)입니다.

○이번 시집은 아무래도 고향에 대한 헌사가 많다. 시인에게 고향은 무엇인가. 시인은 고향을 떠났어도 시인의 고향은 남아있는 것인가. 혹시 고향이 낯설지 않은가. 고향이 시인을 밀어내지 않던가.

  조금은 낯설다고 봅니다. '산천은 의구하되 인걸은 간데없다'라는 시조의 구절처럼 고향 산천은 그대로인데, 마을에 귀농한 사람들을 만날 때마다 낯설기도 합니다. 하지만 우리 집안은 오지(奧地)에 해당하는 두메산골 곧은골에서 7대가 뿌리내리고 산 집안입니다. 아직도 고향에서 사는 벗과 친척들이 있어, 고향의 낯섦은 나의 문제이지 고향의 문제가 아니라고 봅니다. 그래서 더 자주 고향에 내려가고 있습니다, 더 낯설기 전에.

○위의 질문과 겹치는 부분도 있겠지만 혈육에 관한 시도 많다. 고향에 남아 있는 형 그리고 부모, 조부모, 진주 고모, 미국 누이, 아내, 조카 등 마치 가족관계증명서 출력물을 보는 것 같다. 좀 어려운 말이지만 시인은 시인으로 살면서 혈육들과 점점 멀어진다고 생각한 적은 없는가.

  할아버지, 할머니께서 일군 땅에서 지금은 형과 형수가 농사짓고 있습니다. 우리집은 삼대(三代)가 농사를 짓고 있습니다. 두 번째 시집, '비밀의 숫자를 누른다'에 실려 있는 '만종, 돼지감자' 등은 고향을 지키고, 대물림으로 농사짓는 형을 위한 헌시였습니다. 또 미국에 사는 막내 여동생이 고향을 그리워하는 그 마음을 읽고 쓴 시고, 늘 아버지는 가족은 화목하게, 형제들은 하나의 혈육으로 뜨겁게 서로 의지하며 살아가야 한다는 말을 새기며 살다 보니 아마 가족과 관련된 시들이 나올 수밖에 없었습니다.

○이 인터뷰의 제목 산촌여정처럼 고향 산하의 꽃들의 향연이다. 백합, 능소화, 홀아비바람꽃, 사피니아, 튤립 등이 등장한다. 유독 시인의 마음을 끌어당기는 꽃이 있는가. 아님 고향의 들녘에서 아무도 몰래 한 송이 꺾어 온다면 어느 꽃이겠는가.

홀아비바람꽃입니다. '시를 읽는 여자, 시를 쓰는 남자'라는 밴드에서 얼굴도 뵙지 못한 사람, '경주 사랑'이란 닉네임으로 활동하는 회원인데, 이분이 들꽃 사진과 함께 이름을 알려줍니다. 그냥 고향에서 통칭 '들꽃'이라고 불렸던 꽃이 '홀아비바람꽃'인 줄 새롭게 알게 되었습니다. 이 꽃은 순백, 작고 앙증맞은 생명이 겨울을 견디고 피어나는 꽃이라 더 살갑게 다가옵니다. 그래서 슬쩍 한 송이를 들고 오겠습니다.

○꽃만큼 나무도 많이 등장한다. 이를테면 봉나무, 갈참나무, 대추나무, 돌배나무, 자작나무, 느티나무, 전나무 등 이 시집은 저 나무들처럼 산촌에 뿌리를 두고 있다. 이 시집에 등장하는 나무들은 또 부드럽고 또 힘차게 서 있는 것 같다. 이 기회에 아직 등장하지 않은 강원도 나무들을 호명한다면…?

피나무, 물푸레나무, 고로쇠나무, 층층나무, 함박꽃나무 등 해발 600고지가 넘는 고산에서 교목처럼 자라고 있는 나무, 특히 방아다리 약수터에서 하늘을 찌를 듯이 꼿꼿이 서 있는

'전나무'를 호명하고 싶습니다.

○진부와 오대산과 그 지역의 산촌 여정이 듬뿍 풍겨나는 것 같다. 도회지에선 도저히 찾아볼 수도 없는 명이, 두릅, 잔대, 돌미나리, 더덕, 도라지 뱀딸기, 호두, 살구, 취나물, 잔대, 조, 수수, 팥, 기장, 보리, 콩, 돌미나리 등 그 사물 하나하나가 시가 되고도 남을 것이다. 언제 이 많은 사물들을 중심으로 또 많은 시편들이 쏟아지길 기대한다.

고향을 지키는 형이 텃밭에 '명이, 두릅, 돌미나리, 더덕, 도라지' 등을 기르고 있습니다. 고단한 삶을 풀어놓기 위해 고향에 온 동생들에게 고향의 맛을 듬뿍 먹이고, 선물로 싸주시니, 저절로 시가 찾아옵니다. 취나물, 곤드레, 잔대 등은 뒷산에 오르기만 해도 쉽게 얻을 수 있습니다. 고향의 산나물은 하늘이 준 선물입니다. 또 지금도 밭에다 형수가 심은 조, 수수, 옥수수, 기장 등을 바라볼 때, 어려서부터 지금까지 접하는 곡물이라 시어로 버무려져 있다고 보면 됩니다.

○간간이 보이지만 사랑에 관한 시편도 이 시집에서 빼놓을 수가 없다. 시인의 사랑은 어디를 향하고 있는가. 그곳은 어디인가. 혹시 누구인가.

첫 시집 '별을 안은 사랑', 두 번째 시집 '비밀의 숫자를 누른다' 등에서 사랑은 지속된 하나의 주제라고 보면 됩니다. 부처님의 자비, 예수님의 사랑, 공자의 인(仁) 등 이 모든 것은 인간을 측은지심(惻隱之心)으로 여겼기 때문에 나온 것으로 볼 수 있습니다. 하지만 거창한 사랑보다 우선 자신을 그 누구보다 먼저 사랑하고, 가족을 사랑할 때 큰 사랑을 행할 수 있다고 봅니다.

○시집을 통독하면 사계절 중에서도 유독 봄에 관한 시가 눈에 띈다. 특별한 시적 인연이라도 있는가.

만물이 소생하는 봄, 박목월의 '윤사월'처럼 송홧가루 날리는, 싸리꽃이 피는, 언 냇물이 녹아 흐르며 내는 소리, 느티나무, 참나무, 대추나무 등에서 새순으로 돋아나는 연둣빛 잎들을 보는 봄이 좋습니다. 특히 "절름절름 걸어가다 올해도 봄을 보니 너무 좋다."라고 노(老)시인의 말씀이 들은 후부터, 나이가 들면서 만나는 봄은 색다르다고 생각합니다. 그래서 봄에 관한 시들이 많지 않을까 생각합니다.

○노동의 하루, 아파트 벽화공 등 도시 노동에 관한 시도 있다. 노동과 시는 또 어떻게 만나는 것인가. 혹시 노동과 관련된 시인의 이력이 있는가.

지금까지 정신적인 영역에서 살아왔습니다. 하지만 육체적 노동이 정신으로 기울어져 생긴 피로감을 치유하는 평형추와 같습니다. 노동은 사회 약자가 어쩔 수 없이 해야 하는 비애와 슬픔이 아니라, 누구나 살아가면서 육체적 노동을 하고 있다는 것을 알았습니다. 물론 노동은 힘들지만, 역으로 노동으로 얻는 기쁨도 있습니다. 가령 하나의 건물이 완성되기까지 치밀한 설계도면, 기초가 튼튼해야 건물이 무너지지 않듯이,

시를 쓰는 일도 또 하나의 건축물을 짓는다고 생각할 때가 많습니다. 그렇게 얻은 노동시를 언젠가는 한 권의 시집으로 엮을 생각입니다.

○시인은 한 사회의 주류가 될 수 있는가 없는가. 시인은 끝내 아웃사이더가 되어야 하는가.

시인은 '아웃사이더'가 되더라도 시를 숙명처럼 써야 하는 존재가 아닐까요? '이항견문록'이라는 말처럼, 세상에 잘 알려지지 않은 시인의 시집을 읽을 때마다, 아하 이 시인은 사회의 주류가 아닐지라도 살아오면서 얻은 것을 치열하게 표현했구나. 그렇게 생각할 때가 많습니다. 어느 신문에서 시를 많이 읽는 나라 중 하나가 '대한민국'이라는 기사를 읽은 적이 있었습니다. 이는 정서가 메말라 가는 현대사회에서 시를 읽는 이가 늘고 있다는 반증이 아닐까요? 시인이 아웃사이더가 되더라도 시를 쓰면서 살아야 하는 숙명적인 존재라고 생각합니다.

○그리고 덧붙여서 시인은 고독해야 하는가. 시인은 자유해야 하는가. 시인은 불안해야 하는가. 시인은 소위 타자의 언어와 타자의 문법으로부터 벗어나야 하는가.

혼밥, 혼술 등 '홀로'가 유독 많이 들어가는 신조어가 생기는 사회에서 시인은 그 누구보다 '고독한 존재'일 것입니다. 그 고독한 사유를 통해 더 나은 '자유'를 갈망하는 존재가 아닐까요? 그러한 상황에서 쓴 시는 자유를 찾아 분수처럼 솟구치는 것은 아닐까요? 또한 시인은 타자의 언어와 타자의 문법에서 벗어나야 독창적인 세계를 구축하는 존재가 되어야 한다고 생각합니다.

○이 시집에서 시인이 전하고자 했던 메시지 혹은 개별적인 포인트는 무엇인가.

우연히라도 이 시집을 읽게 된다면, 아주 가볍게 커피 한 잔을 마시듯이, 밥 한 끼 먹듯이 그렇게 읽어보는 한 권의 책이었으면 참 좋겠습니다.

○가까운 문우나 문학 동인이 있으면 이 자리에서 소개해 줄 수 있는가. 아님 관계하는 문학단체가 있으면 이 기회에 말할 수 있는가. 이 지면을 통해 그 단체를 소개할 수 있는가.

지금은 강동문인협회 (사)한국문인협회 강동지부 회장을 맡고 있습니다. 법고창신(法古創新)이란 말이 있듯이 선배 문인께서 만들어 놓은 전통과 새로움을 더하고 싶어서 시를 대중들이 쉽게 접할 수 있도록 '시노래'를 만들어 발표하고, 다양한 공연을 통해 대중들에게 '읽는 시'와 함께 '노래하는 시'로 만들고 있습니다. 평창문인협회 회원으로서 회원들과 교류하며 고향의 향긋한 정서를 배우고 있기에 이 지면을 통해 소개하게 되었습니다.

○시 이외 또 하는 일은 무엇인가. 가령, 다른 문학 장르라든가. 유난히 집중하는 어떤 취미라든가.

시도 쓰지만, 가끔은 대중과 쉽게 호흡할 수 있는 대중 가사를 씁니다. 직접 쓴 노랫말이 대중가수가 음원으로 발매하여 발표한 것이 또 하나의 취미로 자리매김하고 있습니다. 시와 대중 가사는 차이가 있음을 알게 되었지만, 궁극적으로 독자나 대중을 지향한다는 점에서 시와 가사에 담긴 의미가 좋아야 한다고 생각하며 가사를 쓰고 있습니다. 가령, '강릉행 청춘열차, 사랑도 때가 있어, 황혼 고백, 사랑 꽝꽝, 뒤늦은 후회' 등 시적 가사가 담겨 있는 노래이기에 살짝 소개합니다.

○혹시 시를 쓰는 나만의 원동력은 무엇인가. 그리고 시를 쓰는 시간이 정해져 있는가.

　작고하신 박경리 선생께서 굳이 여행을 가보지 않아도 끊임없이 상상하고, 자료를 수집해서 읽다 보면 여행지를 떠올릴 수 있다고 하신 말씀을 접한 적이 있습니다. 비록 여행을 자주 가지 못하지만, 이웃들이 여행지에서 보내온 사진은 '시적 상상력'을 불러일으키는 매개체 역할을 합니다. 특별히 시를 쓰는 시간이 정해져 있지 않으나, 대중교통을 이용할 때 생각해 놓았던 시제를 꺼내 첫 줄을 써놓거나, 걸어가면서 구상한 시를 쉼터에 앉아 적어 놓은 후 사무실에 들어와 타이핑하고 프린트해서 문에 붙여놓고 계속해서 퇴고하면서 시를 쓰고 있습니다. 운율, 이미지, 표현 방식, 시상 전개, 주제 의식 등을 생각할 때가 많습니다. 그래서 시를 쓰는 시간이 딱히 정해져 있지 않습니다.

○이번 시집이 출간되면 혼자 낭독하고 싶은 시 1편을 꼽는다면? 그리고 어디서 낭독하고 싶은가.

낭독하고 싶은 시는 '북방 사내 1—백석을 위하여' 이 시입니다. 낭독한다면 시를 좋아하는 사람들의 모임에서 낭독하고 싶습니다.

○시를 읽는 사람이 없다. 시가 읽히지 않는 이 시대에 시를 쓰는 시인의 심경은 무엇인가.

한때, 중학생들과 독서 토론 수업에서 학생들에게 매주 한 편의 시를 암송하고, 느낌을 발표하게 했습니다. 왜냐하면 시는 아이들 정서 순화에 도움이 될 것이라는 믿음 때문입니다. 이제 사회인으로 성장한 그 아이들을 만나면 그때 외운 시들이 지금도 마음에 남아 있다고 합니다. 가령, 윤동주의 '서시', '또 다른 고향', 박목월의 '윤사월', 김현승의 '눈물', 이육사의 '교목', '절정' 등 각각 시 한 편을 읊조릴 때, 시인은 좋은 시를 써야 하고, 그 시의 울림이 사람들에게 삶의 방향키 역할을 하는 것 같습니다. 그래서 우리 모두 시 한 편을 마음에 간직하는 날이 왔으면 좋겠습니다.

○이번 시집을 출간하면 꼭 하고 싶은 일이 있는가? 예컨대 출판 기념회, 북 토크 같은 것도 구상하고 있는가.

기회가 된다면, 북 토크를 진행하고 싶습니다. 아주 작은 공간이라도 '시를 사랑하는 사람'들을 초대하여 시를 창작하게 된 배경이나, 시창작 배경이나 과정을 말해보고, 또 몇 편의 시를 낭독하는 것도 의미가 있지 않을까요.

○끝으로 지금 한국 시의 현황을 개관한다면 어떻게 설명할 것인가. 그리고 한국 시의 미래를 어떻게 전망하는가.

너무 난해한 시로 인해 독자와 공감대를 형성하지 못할 경우, 시의 미래는 어두울 것입니다. 다만, 시는 사람의 정서를 함축적으로 전달하는 장르이기 때문에, 인간이 존재하는 한 시의 미래는 늘 현재진행형이 될 것입니다. 예로부터 향가, 고려가요, 시조, 연시조, 가사, 김소월의 '진달래꽃', 만해 한용운의 '님의 침묵', 윤동주의 '별 헤는 밤' 등 인간의 정서를 다룬 시들은 사람에게 감동을 줍니다. 앞으로도 독자에게 위로나 희망을 주는 시, 슬픔을 극복해 주는 시로 한국 시의 미래는 긍정적이라고 생각합니다.

사는 것이 외로워도

ⓒ김태경, 2025

1판 1쇄 인쇄_2025년 07월 20일
1판 1쇄 발행_2025년 07월 30일

지은이_김태경
펴낸이_양정섭

펴낸곳_예서
      등록_제2019-000020호

제작·공급_경진출판
      사업장주소_서울특별시 금천구 시흥대로 57길 17(시흥동, 영광빌딩), 203호
      전화_070-7550-7776 팩스_02-806-7282
      네이버 스마트스토어_https://smartstore.naver.com/kyungjinpub/
      이메일_mykyungjin@daum.net

값 12,000원
ISBN 979-11-91938-96-8 03810

※본사와 저자의 허락 없이는 무단 전재 및 복제, 인터넷 매체 유포를 금합니다.
※잘못된 책은 구입처에서 바꾸어 드립니다.